Das Jahr
in Schweden

Text: Kim Loughran
Redaktion: Kevin Billinghurst
Gestaltung: Patric Leo
Original: Petra Ahston Inkapööl
Satz und Druck: Fälth & Hässler, Värnamo, Schweden, 2010
www.maxstrom.se
ISBN: 978-91-7126-187-8

Das Jahr in Schweden

ÜBERSETZUNG: LOTTA RÜEGGER UND HOLGER WOLANDT

KIM LOUGHRAN

BOKFÖRLAGET MAX STRÖM

Das Stadshuset in Stockholm mit seiner vergoldeten Turmspitze und dem Goldenen Saal stellt ein Meisterwerk einer am Mittelalter orientierten Baukunst mit Einflüssen aus Venedig und dem Orient dar. Die drei Kronen tauchen zum ersten Mal im 14. Jahrhundert im schwedischen Wappen auf.

SCHWEDEN HAT ETWA die Größe und die Form von Kalifornien, weist aber mit neun Millionen Einwohnern nur etwa ein Viertel der Bevölkerung des Sonnenstaats auf. Es gibt hier weniger Filmstars, dafür aber mehr Jahreszeiten. Grob lässt sich das Land in drei Regionen einteilen, oben Norrland mit riesigen Wäldern und Erzvorkommen, Svealand in der Mitte prunkt mit Tausenden von verschwiegenen Seen, den Süden bildet Götaland mit unwirtlichen Hochmooren und fruchtbaren Ebenen.

Die schwedische Bevölkerung ist recht homogen. Es gibt jedoch fünf sprachliche Minderheiten und mehr Einwanderer, als man auf den ersten Blick meinen könnte – zumindest ein Elternteil von 15 Prozent der Bevölkerung ist im Ausland geboren. Schweden ist eines der reichsten Länder der Welt und eines jener mit der zufriedensten Bevölkerung. Die Lebenserwartung ist hoch: Frauen werden im Schnitt 83 Jahre alt, Männer 79. Schweden ist eine konstitutionelle Monarchie und Mitglied der Europäischen Union, hat allerdings die Krone nicht durch den Euro ersetzt.

Die Schweden zeichnen sich durch Geduld aus. Man leidet schweigend, bis das Tageslicht nach einem ewigen Winterschlaf wieder zurückkehrt. Man wartet in einer langen Schlange an der Kasse ohne zu klagen. Ihre Freunde hören Ihnen geduldig zu – und wenn Sie Geduld haben, werden Sie viele Freunde gewinnen.

In die schöne Natur ist es nie weit – selbst nach dem Tod nicht. In diesem Land gibt es unzählige, landschaftlich reizvoll gelegene Friedhöfe. Schweden sind bescheiden, tolerant, hilfsbereit und pragmatisch. Die Annalen verzeichnen unerbittliche Monarchen, weinselige Poeten, rätselhafte Filme, wunderbare Sportarten und die freche kleine Pippi Langstrumpf. In der Liebe und dem Leben zeigen die Schweden größten Respekt. Manche sehen darin Bequemlichkeit, ich sehe darin ein Muster für urbanes Zusammenleben im neuen Jahrtausend. Und jede Sommerwoche entdecke ich von Neuem das schönste Mädchen meines Lebens. So ist das, wenn man ein Land sehr liebt.

Hier kommen meine zwölf Schnappschüsse.

Kim Loughran

JAN

Stockholm von der Süßwasserseite aus gesehen. Östlich der Altstadt mit dem großen, rechteckigen Königlichen Schloss liegt die Ostsee, die nur einen sehr geringen Salzgehalt aufweist. Im Vordergrund das Stadshuset mit seinem sich leicht verjüngenden Backsteinturm.

In rasendem Tempo geht es über fingerdickes Eis, wer stolpert, nimmt ein eisiges Bad. Die Tourenläufer genießen den eisigklaren Wintertag. Erfahrene Läufer lauschen dem „Singen" des Eises unter den Kufen. Sie können so einschätzen, wie dick das Eis ist (nächste Seite).

Willkommen in der ersten Woche. Jede Woche des schwedischen Kalenders hat eine Nummer. Auf diese Weise wird Effizienz mit Ineffizienz kombiniert. Statt eine Besprechung für einen Tag der Woche anzusetzen, die am 5. beginnt, schlägt man Woche 32 vor. Problemlos in einem Kalender auffindbar, ohne einen solchen jedoch sofort vergessen. Nur Woche 1 und Woche 52 lassen sich mühelos im Kopf behalten.

Wo auch immer Sie sich befinden, es ist kalt. Die Bäume sind kahl, und Sie haben freie Sicht von einem Ende eines Stadtparks zum anderen. Selbst ganz im Süden beträgt die Temperatur um null Grad, obwohl der Südwesten des Landes vom Golfstrom im Nordatlantik profitiert. In Anbetracht der Tatsache, dass Stockholm auf demselben Breitengrad wie Anchorage in Alaska liegt, sind die Winter relativ mild.

Die Weihnachtsferien enden am 13. Tag nach Heiligabend, am Dreikönigstag. Am darauffolgenden Montag sitzen die Schulkinder wieder an ihren Pulten, es fehlen jedoch diejenigen, die ihre Ferien auf einer fernen Sonneninsel verlängern. Eigentlich war der Juli wetterbedingt immer der Hauptferienmonat. Allmählich läuft ihm die Zeit um den Jahreswechsel den Rang ab – ebenfalls wegen des Wetters. Die ersten Chartermaschinen flogen bereits 1955 nach Spanien, und der Abflug der ersten Flugzeuge wurde von Blitzlichtgewitter begleitet.

Inzwischen ist Thailand das beliebteste Ferienziel. Neun Millionen Schweden unternehmen jährlich zehn Millionen Pauschalreisen im Jahr. Eine Meinungsumfrage ergab, dass 60 Prozent der Befragten längere Ferien einer Gehaltserhöhung vorziehen würden. Die schwedischen Reiseveranstalter sind außerordentlich fähig. Beim Tsunami 2004 in Südostasien befanden sich 4500 Schweden in Thailand. Der größte schwedische Veranstalter für Thailandreisen, Fritidsresor, organisierte den Hilfseinsatz so effektiv, dass er beim Leadership Training der Harvard University als Lehrbuchbeispiel herangezogen wird.

Der Januar ist der Monat, in dem das Systembolaget, der staatliche Spirituosen-, Bier- und Weinverkauf, den geringsten Umsatz macht. Das staatliche Alkoholmonopol ging aus einem Verbot im 18. Jahrhundert hervor, Getreide für die private Herstellung von Branntwein

Die Türme der Hauptstadt wachen über die Spaziergänger auf dem Eis des Mälaren. Links die Riddarholmskyrkan, eines der ältesten Gebäude Stockholms, rechts die Deutsche Kirche. Im Mittelalter wurde in der Stockholmer Altstadt überwiegend Deutsch gesprochen.

TRUBADUREN

Früher machten an den Kais von Göteborg die Schiffe fest, die Holz und Weizen nach England brachten. Hunderttausende Schweden emigrierten im 19. und frühen 20. Jahrhundert von Göteborg aus nach Amerika. Heute herrscht ein reger Fährverkehr nach Dänemark, Norwegen und Deutschland.

zu verwenden. Schlechte Ernten hatten damals zu einer Brotknappheit geführt. Dieses immer noch bestehende Monopol ruft Unmut und Belustigung hervor, aber es hat durchaus seine positiven Seiten. Die hohe Alkoholsteuer und das Monopol, die gegen EU-Vorwürfe, sie behinderten den freien Warenaustausch, durchgesetzt wurden, bewirken, dass der Alkoholkonsum niedriger ist als in anderen europäischen Ländern. Alkoholismus wird entweder als Krankheit betrachtet oder als Auflehnung gegen die allgemeine Konformität.

Bevor sie im Jahr 2008 an ein französisches Unternehmen verkauft wurde, brachte die Marke Absolut Vodka dem Staat, der keine Gelegenheit ausließ, seine Bürger hinsichtlich ihrer Trinkgewohnheiten zu rügen, Millionen und Abermillionen ein. Dies schmälerte die Glaubwürdigkeit der Botschaft vom gefährlichen Alkohol und daher produziert der Staat das gefährliche Getränk nicht mehr. Das Systembolaget verwaltet sein Monopol auf eine effiziente Weise. Es hält ein breites Angebot an Bier, Wein und Spirituosen bereit, das überall im Land verfügbar ist. An Orten, in denen keine Filiale vorhanden ist, wird an den nächsten Lebensmittelladen geliefert oder der Postbote trägt die Flaschen aus.

Kaffee unter freiem Himmel im Januar? Die Schweden weisen nach den Finnen den weltweit größten Kaffeeverbrauch auf. Noch im tiefsten Winter kann man – zumindest im südlichen Drittel des Landes – Espressotrinker, die gleichzeitig Raucher sind, unter Heizstrahlern vor Lokalen stehen sehen.

Im Winter blüht das kulturelle Leben auf. Überall werden Kurse angeboten, von Kunst, Sprachen, Musik, Kochen und Schneidern bis hin zur Haustierpsychologie. Man geht ins Theater und kauft Popcorn. Das schwedische Wort für Kino ist Bio, abgeleitet von Bioskop, den frühen Kinoprojektoren. Der wichtigste schwedische Filmpreis, der Guldbagge (Goldkäfer, ein 1,2 kg schwerer Kupferkäfer), wird im Januar mit viel Pomp verliehen. Die Schweden sind eifrige Kinogänger, im Schnitt anderthalb Mal pro Jahr. Viele Leute sind überzeugt davon, dass Filme mit Untertiteln den Fremdsprachenkenntnissen förderlich seien, was erklären könnte, warum die Schweden so viel besser Englisch sprechen als die Deutschen, Franzosen und Spanier, deren große Zuschauermengen das Synchronisieren von Filmen ermöglichen. Schweden und Dänemark sind im EU-Vergleich hinsichtlich staatlicher Kulturförderung und Besucherzahlen führend.

Ende des Monats öffnet das architektonische Juwel Liljevalchs Konsthall in Stockholm den Amateurkünstlern seine Pforten. Heute darf sich jeder als Aussteller bewerben, vor hundert Jahren ebnete die Museumsgalerie den Weg in die etablierte Kunstszene. Der erfolgreichste schwedische Künstler aller Zeiten ist Carl Larsson (1853-1919). Er beeinflusste den schwedischen Geschmack nachhaltig, und man könnte seine Kunst als das ästhetische Fundament von IKEA bezeichnen. Larssons mit liebevoller Genauigkeit gemalten Interieurs stellen das Tagebuch eines Lebens in einem perfekten Zuhause dar. Seine Frau Karin, ebenfalls künstlerisch tätig, gab einmal bei einem Tischler einen Schaukelstuhl in Auftrag, den dieser nach Einbruch der Dunkelheit anlieferte, weil ihm die Einfachheit der Linien peinlich war.

Früher soll es am Tag des heiligen Knut, zwanzig Tage nach Weihnachten, wenn die Kinder ein letztes Mal um den Weihnachtsbaum tanzen, bevor der Christbaumschmuck weggepackt wird, Weihnachtsbäume geregnet haben. Der Tradition gemäß wurden die Christbäume einfach aus dem Fenster geworfen. Heute werden die Bäume eingesammelt und der Fernheizung zugeführt.

Im Januar sind Einladungen zum Essen spärlicher. Alle haben nach Weihnachten ihre Konten überzogen. Nach den wilden Festen im Dezember wollen sich die Schweden in die Dunkelheit hüllen, um in Ruhe nachzudenken.

Einer der Höhepunkte des nordschwedischen Winters ist das Nordlicht, Aurora borealis. Früher hielt man es für einen himmlischen Heringsschwarm oder für in der Luft erfrorene Schwäne. Heute weiß die Wissenschaft jedoch, dass es sich beim Nordlicht um die Wechselwirkung geladener Teilchen aus dem Sonnenwind mit der oberen Erdatmosphäre handelt. Mit etwas Glück hört man auch ein Geräusch.

Der Leuchtturm auf der Insel Öja, der älteste in den Stockholmer Schären, wurde 1691 errichtet. Seit 1535 sind auf Öja Lotsen ansässig, die ankommenden Schiffen dabei behilflich sind, sicher durch das Labyrinth der Inseln in den Hafen von Stockholm zu navigieren. Auch ein Seenotrettungskreuzer ist auf Öja stationiert. Die Stockholmer Schären umfassen etwa 24 000 Inseln (nächste Seite).

Åre ist einer der familienfreundlichsten Wintersportorte in Skandinavien – während der Sportferien im Februar sind die Skilifte fast rund um die Uhr in Betrieb. Beim After-Ski in Åre hat sich schon manche Rockband einen Namen gemacht.

Einer der majestätischen Flüsse des Nordens, der Österdalälven. Diese mächtigen Ströme dienen schon lange der Stromerzeugung. Fünfzig Prozent des schwedischen Stroms wird jedoch von Kernkraftwerken erzeugt (nächste Seite).

DER NOVEMBER IST der Monat, in dem die wenigsten Kinder zur Welt kommen. Das macht den Februar zum unerotischsten Monat des Jahres. Es heißt, dass die meisten schwedischen Babys auf den Tag genau neun Monate nach dem Mittsommerfest zur Welt kommen, wenn alle nur eines im Sinn haben ... Der Februar kann kalt und düster sein, für etwas gemütlichen Sex wäre er eigentlich perfekt.

Wie sexbesessen sind die Schweden eigentlich? Die meisten Schweden werden darauf mit einem einzigen Wort antworten: Lagom. Es lässt sich ungenau mit „angemessen“ übersetzen, was von guter Selbsteinschätzung zeugt. Laut der New York Times wurzelt die sexuelle Befreiung in Skandinavien in der staatlich geförderten Frauenbewegung, dem Sexualkundeunterricht, einem funktionierenden Gesundheitswesen sowie der Meinungsfreiheit. Seit den Wikingern stellen verschiedene Arten des Feminismus einen wesentlichen Teil der schwedischen Kultur dar. Die moderne Form des schwedischen Feminismus kümmert sich weniger um Sexualität als um einen gesunden Familienzuwachs.

Für alle Schweden, die zu jung sind, um sich über Sex den Kopf zu zerbrechen, bieten die einwöchigen Sportferien im Februar die letzte Gelegenheit, vor der eigenen Haustür Skifahren zu gehen. Die Ferien fallen in unterschiedlichen Teilen des Landes auf verschiedene Wochen, um dem Ansturm auf die beliebten Wintersportorte gleichmäßig über den Monat zu verteilen. In diesem Stadium des Winters kehrt das Tageslicht zurück. Die Temperaturen sind milder als noch einen Monat zuvor, es liegt aber immer noch sehr viel Schnee.

Noch wächst nichts in Schweden, und in den Läden liegt Gemüse aus Gewächshäusern in Holland und Spanien. Obst wird in Kühlschiffen aus Thailand, Kenia und Brasilien herbeigeschafft. Man besinnt sich aber auch auf einheimische Produkte mit Klassikern wie Wurzelgemüsebrei mit Kochwurst und Senf. Die Schweden sind ein kulinarisch interessiertes Volk, und in keinem anderen Land werden pro Kopf so viele Kochbücher veröffentlicht wie hier.

Der Februar ist meist so kalt, dass es selbst den libanesischen und syrischen Markthändlern die Sprache verschlägt. Sonst überbieten sie

Ein Bauernhof auf einer der Ebenen des Südens. Schweden entstand weniger aus Dörfern als aus vereinzelten Bauernhöfen. Der Wandel von einer agrarischen in eine urbane Gesellschaft im 19. und 20. Jahrhundert geschah relativ abrupt. Viele größere Straßen führen durch Gehöfte hindurch.

Die Insel Tjörn an der Westküste (links) war einst Heimathafen einer großen Fischereiflotte. Heute besitzen hier viele Göteborger und andere Glückliche Sommerhäuser. Das „Madeira des Nordens“ liegt am Kattegat, der relativ seichten Meerenge zwischen Nordsee und Ostsee.

Das bizarre Ice Hotel bei Jukkasjärvi hoch im Norden wird jedes Jahr neu errichtet. Im November gefriert auf Stahlverschalungen gesprühter Schnee. Architekten und Künstler gestalten Eisblöcke für die ersten Gäste im Dezember. Im April taut das Hotel wieder ab.

Bezaubernd und bitterkalt. Dieses Foto der Kleinstadt Byske hoch im Norden am Bottnischen Meerbusen wurde bei 33 Grad minus aufgenommen (nächste Seite).

sich auf dem Hötorget in Stockholm beim Anpreisen ihrer Ware. Die Immigration nach Schweden begann mit Ungarn nach dem Aufstand des Jahres 1956, im Jahre 1968 verließen polnische Juden in Scharen ihre Heimat, nach dem Putsch von Pinochet kamen 1973 die Chilenen, der Krieg zwischen dem Iran und dem Irak 1980 bis 1988 brachte weitere Flüchtlinge, ebenso das Chaos und die Blutbäder in Äthiopien und Eritrea sowie die Besetzung des Irak 2003. Über knapp die Hälfte der Asylanträge wird positiv beschieden. Über dreizehn Prozent der Bewohner des Landes wurden im Ausland geboren, und die Zuwanderung führt zu einer demografischen Verjüngung des Landes.

Im Februar blüht das Schneeglöckchen (Galantus nivalis). Hut ab! Ein anmutiges weißes Köpfchen auf einem dünnen Stängel kämpft sich durch den Schnee. Die sechs Blütenblätter trotzen der Kälte und gehorchen nur dem Ruf des Lichts.

MÄR

Im März ist überall Morast. Der Frühling arbeitet sich im Schneckentempo nach Norden vor. Im Unterschied zu einigen anderen Ländern kann der Frühlingsanfang in Schweden von Region zu Region sehr unterschiedlich sein. Er trifft dann ein, wenn die Temperaturen eine Woche lang über null Grad lagen oder wenn die Blätter der Birken die Größe von Mäuseohren erreichen.

EIN ÜBERGANGSMONAT, REICH an Schneematsch. Schuhe mit Ledersohlen zu tragen ist nicht ratsam. Um den 20. ist Tagundnachtgleiche, und beim Anblick des ersten gelben Huflattichs im Straßengraben ist der lange Winter vergessen. Ende des Monats wachsen im Süden die ersten Krokusse. Der Krokus ist keine wild wachsende Pflanze, steht aber in fast allen Vorgärten und Parks. Schweden eignet sich schlecht für die Gärtnerei, weil die Wachstumsperiode kurz und die Temperaturschwankungen groß sind. Alle, die einen Garten haben, geben jedoch ihr Bestes. Vor gut hundert Jahren wurden in den Städten die ersten Schrebergärten angelegt, damit auch die Arbeiterfamilien Blumen pflanzen und echtes Gras wachsen sehen konnten. Die Hütten in den Schrebergärten dürfen eine gewisse Größe nicht überschreiten, damit sie nicht als Wohnhäuser zweckentfremdet werden können.

Die Bären beenden jetzt ihren Winterschlaf (nein, Eisbären gibt es in Schweden keine!), man bekommt sie jedoch kaum zu Gesicht. Die Rehe hingegen wagen sich gelegentlich bis in die Gärten der Vororte vor und machen sich dort über die Tulpenzwiebeln her.

Eisläufer sind noch in den Schären unterwegs, wo das neu gefrorene Eis nur jene trägt, die schnell genug unterwegs sind. Erfahrene Eisläufer sagen, das Eis singe in unterschiedlichen Tonlagen, je nachdem wie dick es sei, und warne so vor Gefahren. Dennoch ist es sicherer, früher im Winter unterwegs zu sein, wenn das Eis dicker ist. Eine Herausforderung ganz besonderer Art stellt das Probebad dar. Eislaufclubs verlangen gelegentlich von Anwärtern auf eine Mitgliedschaft, dass sie in ein Eisloch springen und sich wieder aus ihm befreien. Die Eisläufer tragen zwei Eispickel an einer Schnur um den Hals, mit denen sie sich an der Eiskante festhalten können. Die trockenen Kleider, die sie in einer Plastiktüte im Rucksack mitführen, dienen dem Auftrieb. Im eiskalten Wasser überlebt man höchstens zwanzig Minuten. Die skandinavischen Völker sind seit etwa tausend Jahren auf dem Eis unterwegs. Damals kam ein namentlich nicht bekanntes Genie auf die Idee, einen zu Kufen geschliffenen Knochen unter die Schuhe zu binden.

Bewegung im Freien, insbesondere im Winter, trägt zur allgemeinen Gesundheit bei. Die globale Schlacht zwischen dem Fernsehsessel

Die Rückkehr der Sonne beschert Wärme und durchdringende Helligkeit.
Auf einem Schaumstoffkissen sitzend, lässt sich die Sonne auf einer Parkbank richtig genießen.
Beim ersten blauen Himmel versammeln sich die Stockholmer auf den Spazierwegen am Riddarfjärden.

und dem Leben im Freien wird auch in Schweden ausgetragen. Den Schweden scheint das raue Winterklima jedoch zu bekommen. Fast alle Schweden haben als Kinder auf Skiern gestanden.

Das wichtigste Skisportereignis des Jahres ist das älteste öffentliche Langlaufrennen der Welt, der Vasalauf, der am ersten Sonntag im März stattfindet, notfalls auf Kunstschnee. Über 15 000 Skiläufer aus Dutzenden von Ländern nehmen an dem Rennen teil. Das Rennen führt 90 Kilometer weit von Sälen nach Mora in Dalarna, und erinnert an die Flucht Gustav Vasas, des späteren schwedischen Königs, vor dem dänischen König Christian II. König Carl Gustaf und sein Sohn Prinz Carl Philip sind schon mitgelaufen, vermutlich weil jeder Schwede das einmal getan haben muss und um einen ihrer Vorgänger zu ehren.

Das Königshaus ist sehr beliebt. Die einzigen Aufgaben der schwedischen Monarchen bestehen jedoch im Eröffnen von Brücken und des Reichstags. Sie haben weniger Einfluss als jeder andere Monarch in Europa.

Der Leuchtturm von Vinga, einer Insel an der Westküste (links). Das erste Leuchtfeuer, ein Feuer in einem Korb, das an einem Gestell hing, wurde hier im frühen 17. Jahrhundert entzündet, als im heutigen Südschweden erbitterte Kämpfe gegen die Dänen ausgetragen wurden.

Einer von Schwedens fünf (einschließlich des Menschen) großen Fleischfressern, der Bär, ist eine geschützte Spezies. Eine begrenzte Jagd ist jedoch erlaubt, damit die Population nicht zu stark anwächst. Die Jungen, die im Frühling aus dem Winterschlaf erwachen, fressen überwiegend Gras und Blätter.

Beim Vasalauf am ersten Sonntag im März folgen über 15 000 Skiläufer dem Fluchtweg Gustav Vasas, der eine Rebellion gegen die plündernden Dänen anführte (nächste Seite).

APR

Skiwandern im
April. Es liegt immer
noch sehr viel
Schnee, und die
Tage sind lang. Wir
befinden uns im
Sarek Nationalpark
und schauen
nach Südwesten.
Nach dem Vorbild
der USA war
Schweden das erste
europäische Land,
das Nationalparks
einrichtete.

Überall auf den Märkten sind bunte Staubwedel zu sehen ... halt, das sind gefärbte Federn, die mit Drähten an Birkenreisig befestigt wurden. Man stellt die Zweige ins Wasser, um sich an den winzigen hellgrünen Blättern zu erfreuen, die sprießend in der guten Stube den Frühling einziehen lassen. In Kleinstädten und Vororten verkleiden sich kleine Mädchen als Hexen und malen sich Sommersprossen auf die Nase. Mit ihren kleinen Brüdern im Schlepptau machen sie dann am Gründonnerstag die Runde, wünschen Frohe Ostern und lassen sich mit Süßigkeiten beschenken.

Nach der Schneeschmelze steht alles unter Wasser. Der Wanderfalke ist von den Mittelmeerküsten Nordafrikas nach Schweden zurückgekehrt. Kraniche nisten in Sümpfen, die unter Naturschutz stehen. Schwedische Städter sehnen sich in die Natur.

Die Seen im Norden sind immer noch zugefroren, und hier wird auch an sonnigen Tagen mit viel Freude Eisfischen betrieben. Das ist allerdings kein ganz ungefährlicher Zeitvertreib. Schon manch einer hat dabei ungewollt ein eisiges Bad genommen. Wer trocken bleibt, fängt mit etwas Glück einen Zander oder weiter im Norden einen Saibling.

Der 30. April ist der letzte Tag, an dem mit Spikes gefahren werden darf. Droht ein Schneesturm, wird eine Ausnahme gemacht. Spikes tragen nicht unwesentlich zu der Feinstaubbelastung der Großstadtstraßen bei. Winterreifen, ob mit oder ohne Spikes, sind vom 1. Dezember bis zum 31. März gesetzlich vorgeschrieben. Beim Fahrunterricht muss auch eine Runde auf einer Eisbahn absolviert werden. Auch eine Fahrprüfung im Sommer erspart einem das nicht. Die Schleuderübungen können ersatzweise auf einer ölbedeckten Fahrbahn stattfinden. Auch im Sommer muss mit Abblendlicht gefahren werden, denn weiter im Norden kann mittags der strahlende Sonnenschein innerhalb von Minuten in Düsternis übergehen. Abblendlicht trägt sehr zur Verkehrssicherheit bei, macht keine Umstände und kostet nichts.

Etwa vierhundert Menschen lassen jährlich ihr Leben im Verkehr. Postautos haben das Lenkrad auf der rechten Seite, damit der Briefträger die Briefe in die Briefkästen werfen kann, ohne auszusteigen. Jede zweite Person im Besitz eines Führerscheins hat auch ein Auto, und fast jeder vierte Personenwagen auf den Straßen ist ein Volvo.

Der April hat ein dramatisches Finale. In der Walpurgisnacht werden überall im Land große Freudenfeuer entzündet, ein eindrücklicher Abschied von der Winterkälte. Am 30. April begrüßen ein Festredner und ein Männerchor den Frühling. In früheren Zeiten fand dieses heidnische Ritual statt, um für eine gute Ernte zu bitten. Eine Nacht, in der die Schweden über die Stränge schlagen und in der leere Flaschen in den Rinnsteinen liegen.

Die Zugvögel kehren zurück. Bachstelzen suchen auf Parkplätzen nach Futter. Zu den früh eintreffenden Zugvögeln gehören die Schwäne, Lerchen, Regenpfeifer und Tauben. Vögel, die in den Tropen überwintern, beispielsweise der Weidenlaubsänger, zögern ihre Rückkehr so lange wie möglich hinaus. Zu denen, die als Letzte eintreffen, gehört der Wespenbussard, der der Ostseeküste bis fast ganz in den Norden folgt.

Eine Wiese mit Waldanemonen (links). Sie wachsen hauptsächlich im Süden. Die giftigen Pflanzen wurden früher als Hausmittel gegen Rheuma verwendet.

Das Café der Gärtnerei Rosendal auf Djurgården lockt die Stockholmer aus ihrer Winterstarre, noch chc der Schnee geschmolzen ist.

Ein feuriger Abschied von den Qualen des Winters. Dieses heidnische Ritual ist eines der wichtigsten Feste in Schweden. Früher sollen in der Walpurgisnacht Hexen gefeiert haben, heute begrüßen Chöre und Festredner am 30. April den Frühling, während die Feuer prasseln (nächste Seite).

Nach jahrhundertelanger Feindschaft und Heerzügen über das Eis des Öresunds sind die beiden skandinavischen Nationen Dänemark und Schweden heute durch die Öresund-Brücke verbunden. Sie verbindet die schwedische Stadt Malmö mit der dänischen Hauptstadt Kopenhagen und hat das größte Ballungsgebiet Skandinaviens entstehen lassen. Etwa 50 000 Menschen überqueren die Brücke täglich.

Frühlingshochwasser in Gauträsk, einer unter Naturschutz stehenden Sumpflandschaft im hohen Norden. Hier wachsen die unterschiedlichsten Büsche und Bäume, insbesondere Fichte, ein wichtiges Nutzholz. Alte Fichten sind inzwischen relativ selten. Gelegentlich trifft man noch auf einen bewirtschafteten Bauernhof (nächste Seite).

Der Mai ist der Monat der Blumen. Die weißen Buschwindröschen breiten sich schüchtern auf den Waldböden aus, und das Maiglöckchen (das zur beliebtesten Blume Schwedens erkoren wurde) sucht hinter sonnenwarmen Felsblöcken Schutz. Da sie die Liebe ihrer Wähler zur Natur kennen, haben fünf der sechs großen politischen Parteien eine Blume in ihrem Parteiabzeichen. Eigentlich handelt es sich allerdings bei dem Löwenzahn der Grünen um ein Unkraut. Die Sozialdemokraten beanspruchten früher den Ersten Mai für sich. Gesittet ziehen sie durch die Straßen und ihre Reden hallen auf den Plätzen der Städte wider.

In Anbetracht der Tatsache, dass Schweden ein außerordentlich säkularisiertes Land ist, weist es einen ungewöhnlich religiösen Kalender auf. Mai beginnt mit Christi Himmelfahrt, auf Schwedisch auch scherzhaft Kristiflygare, Christi Flieger, genannt. Neun von dreizehn Feiertagen sind religiöse Feiertage. Das Einhalten von Feiertagen, je unbekannter, desto besser, stellt die Verbindung zur Vergangenheit dar, mit der sich die Zukunft meistern lässt. Schweden ist seit dem 12. Jahrhundert ein christliches Land, obwohl Wandermönche von den Britischen Inseln schon um einiges früher mit dem Bekehren begannen.

Etwa drei Viertel der Bevölkerung gehören der evangelisch-lutherischen Kirche an. Bis zum Jahr 2000 handelte es sich um eine Staatskirche, die Aufgaben der Meldebehörde wahrnahm. Die Kirchen werden mit Ausnahme der Weihnachtszeit meist nur von außen bewundert. Die kirchlichen Geschlechterrollen sind in der Veränderung begriffen, 25 Prozent der evangelischen Geistlichkeit sowie die Majorität der Theologiestudenten sind weiblich.

Obwohl Schweden ein säkularisiertes Land ist, lassen sich 46 Prozent aller Ehepaare in der Kirche trauen. Die meisten Hochzeiten finden in der Woche nach Pfingsten statt. Am siebten Sonntag nach Ostern senkte sich der Heilige Geist vom Himmel herab, um die Apostel und offenbar auch die Heiratswilligen in Schweden zu inspirieren. Der Zeitpunkt scheint den meisten Familien zu passen, hauptsächlich wird er aber gewählt, weil dann das Wetter am besten ist.

Namenswechsel sind häufig und wurden zeitweilig sogar behördlicherseits propagiert. Bis Mitte des 19. Jahrhunderts hatte nur die

Im Wonnemonat Mai umgeben Kirschblüten ein altes Bauernhaus, das mit der aus Kupfervitriol hergestellten Faluröd-Farbe gestrichen ist. Diese konserviert jahrhundertalte Holzhäuser im ganzen Land. Der Schriftsteller August Strindberg hätte es gerne gesehen, wenn die schwedische Fahne rot und grün gewesen wäre: Rot für die Häuser und grün für die Wiesen und Wälder.

Ende des 19. Jahrhunderts ersetzten wohlhabende schwedische Städte die Holzhäuser, die an eine ärmliche Vergangenheit erinnerten, durch stattliche, heute noch stehenden Ziegelbauten.

Die Insel Ven liegt zwischen Schweden und Dänemark. Im Hintergrund ist die Küste von Skåne, der südlichsten Provinz Schwedens, zu sehen. Im späten 16. Jahrhundert lebte auf Ven der Astronom Tycho Brahe. Seine Berechnungen bildeten die Grundlage der Keplerschen Gesetze, mit denen die Bahnen der Planeten um unsere Sonne berechnet werden (nächste Seite).

Mittel- und Oberschicht Familiennamen. Die Bauern nannten ihre Söhne Gunnar, Sohn von Sven, oder eben Gunnar Svensson. Und die Mädchen? Sie hießen ebenfalls Sohn von Sven. Das war in den Zeiten vor der Gleichberechtigung. Die Statistiker, einflussreiche Leute, beklagten sich, dass es zu viele Svenssons und Anderssons gäbe. Daraufhin wählte die Mittelklasse auf dem Land Namen der sie umgebenden Topografie und setzte sie zusammen: Birken, Felsen, Flüsse, Äste, Seen, Bären, Zweige, Inseln, Falken etc. Gelegentlich ergaben diese Zusammensetzungen ein Oxymoron, wie in Bergstrand, Seeberg (Sjöberg) oder Tannenblatt (Granblad). Johansson ist der häufigste Name, obwohl sich die Schweden gerne als die Svenssons bezeichnen. Paare, die für ein Abenteuer in ein Hotel einchecken, wählen offenbar als Deckname meist Svensson.

Wenn Sie sich eine neue Immobilie kaufen, dann ist die Wahrscheinlichkeit am größten, dass Sie das bereits im April tun. Im Frühling haben die Makler Hochkonjunktur. Verkäufer warten, bis sich ihr Objekt im besten Licht zeigt. Verkäufe erfolgen rasch und in den Großstadtregionen zu astronomischen Preisen. Im Mai ist es dann an der Zeit für einen Besuch in einem IKEA-Warenhaus, die es überall gibt. Die Gesamtauflage der IKEA-Kataloge übersteigt bald die der Bibel. Ein Großteil der schwedischen Lebensmittelexporte geht an die IKEA-Restaurants in aller Welt. IKEA hat eine zentrale Stellung in der Psyche des Landes inne. Die Geschichte von IKEA ist einfach und erfüllt die Schweden mit Stolz. Gleichzeitig existiert ein gewisser Widerwille gegen die Monopolisierung des nationalen Designs. Und um alles noch schlimmer zu machen, stehen die Möbel in allen Wohnungen.

Um diese Jahreszeit setzt man sich mit einem Glas Himbeersaft und ein paar Plätzchen irgendwo ins Freie in die Sonne, ein schlichtes Vergnügen, das aber so ansteckend ist, dass einmal ein japanischer Marathonläufer, dem die Hitze zu schaffen machte, den Lauf abbrach, um sich zu einer Familie zu gesellen, die es sich unter einem Baum ihres Gartens gut gehen ließ. Shizo Kanaguri war daraufhin so beschämt, dass er sich seinem Team nicht wieder anschloss, sondern mit der Transsibirischen Eisenbahn nach Japan zurückfuhr. Im Jahr 1966 kehrte er dann jedoch nach Stockholm zurück, um den Lauf zu beenden. Heute findet der Stockholm Marathon Ende Mai oder Anfang Juni statt.

JANEMARS

JUNI

Kostenfreie Bildung für alle von der Vorschulklasse bis zur Universität stellt eine der Säulen des schwedischen Wohlfahrtsstaats dar. Die Kinder beginnen mit sieben in der ersten Klasse und können mit fünfzehn zwischen verschiedenen Sekundarschulzweigen wählen. Der Tag des Schulabschlusses ist der glücklichste Tag des Sommers für die Schulabgänger der Nation. Viele von ihnen setzen ihre Ausbildung an einer Universität oder Fachhochschule fort.

Die stille Schönheit der schwedischen Küste im Frühsommer. Die Schären von Tjust an der Südostküste mit Tausenden Inseln und Buchten (nächste Seite).

Wer in der ersten Juniwoche an einer weiterführenden Schule vorbeigeht, stößt dort auf ausgelassene Eltern, die Plakate schwenken. Auf einigen sind mehr oder weniger peinliche Babyfotos zu sehen. Am Straßenrand parken mit Birkenreisig geschmückte Lastwagen, Cadillac Cabriolets, Rikschas und Tieflader. Singend, rufend und pfeifend fahren junge Frauen in weißen Sommerkleidern und junge Männer in Anzügen und Krawatten durch die Stadt. Alle tragen weiße Mützen. Es ist der Tag des Mittelschulabschlusses, der früher, als das letzte mündliche Examen über die Karrierechancen und die zukünftige Klassenzugehörigkeit entschied, einen ganz anderen Stellenwert besaß. Bestand man, so durfte man die Schule mit einer weißen Mütze auf dem Kopf durch das Hauptportal verlassen. Etwa sechzig Prozent der schwedischen Schulabgänger nehmen ein Studium auf.

Der Nationalfeiertag fällt auf den 6. Juni. Er ist erst seit 2005 ein offizieller Feiertag. Alle haben gerne frei, und die meisten freien Tage finden sich im Frühjahr und Frühsommer: Ostern, der erste Mai, Christi Himmelfahrt, Pfingsten, der Nationalfeiertag, Mittsommer. Angestellte machen Überstunden, um sich einen Brückentag gönnen zu können, wenn ein Feiertag auf einen Dienstag oder Donnerstag fällt. Der 6. Juni wurde früher als Tag der schwedischen Fahne bezeichnet. An 16 Tagen des Jahres, einschließlich des UNO- und des Nobeltages, wird die schwedische Fahne überall gehisst. Sowohl progressive als auch konservative Schweden befolgen minutiös die Regeln, die die Fahne betreffen.

An Mittsommer erreicht die schwedische Zufriedenheit ihren Höhepunkt. Schärendampfer kreuzen Sunde und Buchten und schlängeln sich zwischen den Inseln der Schärenküste hindurch. Beschwipste Passagiere, Blumenkränze auf den Häuptern, gehen an den Landungsbrücken von Bord. Alles ist mit Birkenreisig und blauen und gelben Bändern dekoriert. Ein alter Brauch ist das Aufstellen eines Maibaums, um den dann getanzt wird. Es wird gesungen und aufwendig gekocht. Die Gefühle geraten in Wallung.

Die Zeitungen stellen schon Wochen vorher Wetterprognosen an. Am Mittsommerabend hüpfen die Kinder wie kleine Frösche um den Maibaum. Am Abend machen sich alle über ein Smörgåsbord, ein kaltes

Früher Morgen im Süden Gotlands. Die karge Schönheit der steinigen Insel gibt kaum etwas von ihrer Bedeutung als Handelszentrum der Hanse im 14. Jahrhundert preis. Gotland mit seinem eigenwilligen Dialekt ist ein beliebtes Ferienziel für die Festlandbewohner.

Die Altstadt von Stockholm, das leicht salzige Wasser der Ostsee im Vordergrund, das Süßwasser des Mälaren oben. Im Mittelalter kamen die Bauern der Mälarregion hierher, um ihre Waren auf die größeren Schiffe der Ostsee umzuladen (nächste Seite).

Mittsommerfeste (links) sind meist informell. Höhepunkt ist der Tanz um den Maibaum, der mit Birkenzweigen und bunten Bändern dekoriert wird wie hier auf Björkskär in den Stockholmer Schären. Traditionelle Ringtänze sind ein wesentlicher Bestandteil des Festes. Gefeiert werden Freundschaft, Jugend und Sommer. An Mittsommer kommt in ganz Schweden an zwei Tagen und in einer Nacht, wenn niemand früh zu Bett gehen will, alles zum Stillstand.

Tänzer in Volkstrachten in Rengsjö in Hälsingland.

Das traditionsreiche Seebad Mölle in Skåne (nächste Seite).

Altertümliche Weidezäune in der Provinz Småland (Seiten 66–67).

und warmes Büfett, her. Den jungen Frauen und Männern, die in der Mittsommernacht mit sieben Wiesenblumen unter dem Kopfkissen schlafen, erscheint ihre wahre Liebe im Traum. Beliebte Wiesenblumen zu diesem Zweck sind Schafgarbe, weißer Klee, Gänseblümchen, Weißwurz, Maiglöckchen, Glockenblumen und natürlich Vergissmeinnicht.

Anfang Juni erwarten alle nervös die Prognose für die Kartoffelernte. War der Winter zu trocken oder der Frühling zu regenreich? In den Fernsehnachrichten wird über den Kilopreis der neuen Kartoffeln berichtet. Die alltägliche Knolle ist in aller Munde und wird mit Butter, Dill und gebratenem Ostseehering genossen.

Es heißt, an der Werkstatttür eines Schusters habe einmal das Schild gehangen: „Geschlossen zwischen Traubenkirsch- und Fliederblüte." Laut diesem Schuster und überhaupt der schwedischen Allgemeinheit ist die beste Zeit des Jahres die Woche zwischen der Blüte der Traubenkirsche (Prunus padus) und des Flieders (Syringa vulgaris). Traditionell war es so, dass die Schustergesellen im Frühjahr freibekamen, um sich auf die Wanderschaft zu begeben und den Winterstaub abzuschütteln.

JULI

Einst arme Fischerdörfer (hier auf der Insel Orust) erwachen zu neuem Leben, wenn die Sommerferien beginnen. Auch in der postindustriellen Ära macht ganz Schweden im Juli Ferien.

Die Schweden kennen kein größeres Sommervergnügen als Tanz zu Akkordeonmusik auf der Landungsbrücke! Walzer und Polka sind klare Favoriten, aber ältere Tänzer beherrschen auch Hambo, Mazurka und Polska wie hier in Brännö an der Westküste (nächste Seite).

GALANTH

KURZE ÄRMEL, BRAUNE Arme, Eiscreme und angeln in einem Waldsee. Es muss Juli sein. Als Gegengewicht zu einem Leben der Moderne mit einer funktionierenden Infrastruktur sehnen sich die Schweden nach dem primitiven, ländlichen Leben. Fünf Wochen Ferien sind das Minimum. Jeder vierte Arbeitnehmer arbeitet weniger als 40 Stunden in der Woche, obwohl die Zahl der jungen „Rund-um-die-Uhr-Arbeitnehmer" – vor allem im Internet-Sektor – in einer Wirtschaft, in der immer mehr Spezialkenntnisse gefragt werden, stetig zunimmt. Die Löhne der Frauen betragen bei privaten Arbeitgebern 86 Prozent ihrer männlichen Kollegen, bei öffentlichen 84.

An einem heißen Julinachmittag kann man durch die Straßen gehen und hört nur die Vögel singen. Fabriken, Unternehmen und Behörden erlauben sich, sei es verdienter- oder unverdientermaßen, eine Auszeit.

Währenddessen ist auf dem Land einiges los. Klänge von Musikfestivals werden vom Wind herangetragen. Das Hultsfreder Open-Air-Festival lockt Bands aus aller Welt an. Die Musikwoche am Siljan-See ist berühmt für innovativen Sound und das eine oder andere verschwiegene Stelldichein am Seeufer. Stockholm bietet ein Jazzfestival auf der Hafeninsel Skeppsholmen, die Insel Fårö mit ihrer herben Schönheit ein Chormusikfestival und Arvika die Electronica Week.

Jeder zehnte Schwede hat in den letzten sieben Tagen ein Musikinstrument gespielt, vier Prozent singen einmal im Monat im Chor. Die Menschen geraten beim Klang einer Ziehharmonika in Verzückung, wenn im Hintergrund die Wellen schlagen und ein paar Möwen kreischen. Das Akkordeon und sehr viel Musik kamen über Deutschland aus dem Süden nach Schweden. Die benachbarten Norweger, die hinter einer Bergkette leben, die manchmal als Kölen, der Kiel, bezeichnet wird, ließen sich stattdessen von den Fiedlern der schottischen Inseln beeinflussen.

Der Juli ist auch der Monat, um ein Schnäppchen zu machen. Über 2000 Flohmärkte finden in Städten und Vorstädten überall im Land statt.

Der Parlament hat Sommerpause, aber in der ersten Juliwoche versammeln sich Vertreter aller größeren Parteien im Almedalen Park vor

In einem effizienten, modernen Land sehnt sich mancher im Sommer nach dem einfachen Leben. Die Insel Öland vor der schwedischen Ostküste besticht durch ihre Kargheit. In der Heidelandschaft *Stora Alvaret* wachsen niedrige Büsche, Moose und wilde Blumen. Die Steinmauer, die die Pumpe umgibt, schützt diese vor grasenden Schafen. *Stora Alvaret* gehört zu den vierzehn schwedischen Gebieten, die auf der UNESCO-Liste des Weltkulturerbes stehen.

Das Fischerdorf Själsjö auf Gotland. Die Sommerstürme können dort heftiger sein als die Winterstürme, da die Wellen bei wärmerem Wasser höher sind (nächste Seite).

VY 50

VY96

Häuslerkate („Torp“) in der waldreichen Provinz Småland (links). Soldaten erhielten kleine Bauernhöfe, um die Existenz ihrer Familien zu sichern.

Ein Bad in den Stockholmer Schären ist eine kühle Angelegenheit. Im Juli erreicht die Wassertemperatur jedoch gelegentlich 22 Grad.

Die MS Juno auf dem Weg zur Götakanal-Schleuse Borensberg. Schwedens längster Kanal führt von Westen nach Osten durch das Land (nächste Seite).

Die Schären vor der Küste sind ein Seglerparadies. Gezeiten existieren keine, und fast überall kann angelegt werden. Einen einsamen Liegeplatz zu finden ist in der Regel kein Problem wie hier bei Stora Nassa in den Stockholmer Schären (Seiten 80–81).

der mittelalterlichen Stadtmauer von Visby, dem Hauptort der Insel Gotland, und halten Reden. Die kinderfreundlichen Sandstrände dieser Ostseeinsel ziehen Familien an, während sich die Jungen und Reichen nachts in den Bars an den engen, kopfsteingepflasterten Straßen Visbys drängen.

Das Redenhalten während Almedalsvecka begann in den späten 1960er-Jahren, als die Sozialdemokraten ihren charismatischen Vorsitzenden, den später unter ungeklärten Umständen ermordeten Olof Palme auf die Ostseeinsel einluden, um die Attraktivität ihres Sommerseminars zu erhöhen. Heutzutage sind die Redezeiten bei allen Parteien heiß begehrt. Die Parklandschaft ist die richtige Umgebung, Parteiideologie darzulegen.

Weit im Norden scheint immer noch die Mitternachtssonne. In Kiruna, dem Hauptort in der nördlichen Wildnis, geht die Sonne vom 30. Mai bis zum 15. Juli nicht unter. Dafür ist es oberhalb des 72. Breitengrades im Winter vier Monate lang dunkel.

GÖTA

Die Rentiere folgen festen Wegen und orientieren sich dabei an der Topografie, besonders an Flussübergängen. Zur Rentierzucht sind nur die Samen, die schwedische Urbevölkerung, berechtigt. Die Herden müssen kaum gehütet werden, heute sind die Hirten oft zu Pferd oder auf Geländemotorrädern unterwegs und bedienen sich der GPS-Technik. Auf einem Drittel der schwedischen Landfläche werden Rentiere gezüchtet. Die natürlichen Feinde der Rentiere sind Luchse, Vielfraße, Bären und Wölfe. Und der Mensch. Getrocknetes oder geräuchertes Rentierfleisch ist eine Delikatesse.

Die Provinz Skåne ist überaus fruchtbar. Wenn Ende August das Getreide reif wird, bleiben die Halme auf den Feldern liegen und werden später als Streu genutzt (nächste Seite).

Der Mond steht groß und rund am Himmel und die Nächte sind wieder dunkel. Die Wärme hält sich noch, und mit etwas Glück kann man ein paar Tische mit Papiertischdecken im Garten aufbauen und Lampions aufhängen: Das Krebsfest wird gefeiert! Jetzt dürfen alle mit guten Gewissen hemmungslos dem Schnaps zusprechen.

Kräftor, Süßwasserkrebse, werden mit Dill in Salzwasser gekocht, dann ausgesaugt, geschält und genossen. Dazu trägt man lustige Papierhütchen und singt Trinklieder. Diese kurzen, markigen Trinklieder, einzigartig für Schweden und den schwedischsprachigen Teil Finnlands, stellen die lebendige Dichtung des Landes dar: Jedes Jahr entstehen neue Lieder, die dann in den folgenden Jahren noch gesungen werden. Überwiegend handelt es sich um Lieder voller Witz. Welch eine Freude, reservierten Bekannten dabei zuzuhören, wie sie leicht beschwipst einen gewagten Vers vortragen!

Die Trinkgewohnheiten bei den Krebsfesten spiegeln jene der Nation wider: Ein paar Leute betrinken sich, aber die meisten trinken maßvoll. Die Schnapsliebhaber legen den gleichen Ernst an den Tag wie die Weinkenner. Sie aromatisieren Kornbranntwein oder Kartoffelschnaps mit Kräutern und Gewürzen wie Meerrettich oder Fenchel oder mit Waldbeeren wie Hagebutte, Preiselbeere und Blaubeere.

Auf den dritten Donnerstag im August fällt der inoffizielle Beginn der Surströmming-Saison, in der vergorener Ostseehering verzehrt werden darf. Er wird in Dosen verkauft, die sich durch die Bildung übel riechender Gase (Schwefelwasserstoff, Buttersäure etc.) verformt haben. Einige Fluggesellschaften verbieten die Mitname dieser Dosen aus Furcht vor einem eventuellen Druckausgleich (sie explodieren jedoch nicht). Da der Salzgehalt der Ostsee sehr gering ist, war in Nordschweden Salz Mangelware. Es mussten andere Wege der Lebensmittelkonservierung beschritten werden. Einlegen, Räuchern und Dörren sind immer noch sehr beliebt. Dünne Filets des harmlos aussehenden, aber stark riechenden Surströmmings werden auf erstklassiges Knäckebrot gelegt und mit rohen Zwiebeln und gekochten Mandelkartoffeln genossen. Kenner trinken dazu ein Glas Milch.

Der Turning Torso, das neue Wahrzeichen Malmös, wurde von dem spanischen Architekten Santiago Calatrava einer seiner eigenen Skulpturen nachempfunden. Das Hochhaus besteht aus neun fünfstöckigen und fünfeckigen Segmenten. Bei seiner Fertigstellung 2005 war es das höchste Wohnhaus Europas.

Im 2360 Hektar großen Skuleskogen-Nationalpark gibt es keine Straßen, nur Wanderwege. Er ist einer von 29 Nationalparks in Schweden. Schweden richtete als erstes Land in Europa Nationalparks ein (nächste Seite).

Das beliebteste Museum in Schweden (links) ist einer Katastrophe gewidmet, dem peinlichen Untergang des topplastigen königlichen Kriegsschiffs Vasa im Jahre 1628 nur wenige Hundert Meter von der Werft entfernt im Stockholmer Hafen.

Das königliche Schloss Drottningholm auf einer grünen Insel im Mälaren bei Stockholm. Es steht auf der UNESCO-Liste des Weltkulturerbes.

Der schneebedeckte südliche Gipfel des Kebnekaise ist offiziell der höchste Punkt Schwedens, er besteht jedoch teilweise aus Eis, das durch die Klimaerwärmung abschmilzt. Der nördliche Grat (im Foto vorne) wird früher oder später der höchste Punkt werden (nächste Seite).

Am 10. August 1628 sank der Stolz der schwedischen Flotte, das Kriegsschiff Vasa, im Stockholmer Hafen. Es war seine Jungfernfahrt, und es war mit Kanonen und fünfhundert Skulpturen überladen.

König Gustav II. Adolf hatte ein zusätzliches Kanonendeck bestellt, was die Stabilität des Schiffes beeinträchtigte. Das Schiff ging nur wenige Hundert Meter von der Werft entfernt unter. Schock oder Scham löschten den Ort des Schiffuntergangs aus dem kollektiven Gedächtnis. Erst 333 Jahre später wurde er nach beharrlicher Suche eines einzelnen Fachmanns wieder aufgefunden. Das einzige erhaltene Schiff der Welt aus dem 17. Jahrhundert hat ein eigenes Museum, das jedes Jahr 15 Millionen Besucher anlockt.

Jedes Jahr wird Ende August oder Anfang September der Kebnekaise, der höchste und schönste Berg des Landes, neu vermessen. Die Spitze des im Augenblick 2104 Meter hohen Berges wird von einem Gletscher gebildet, der durch die globale Erwärmung immer kürzer wird. Seit der ersten Messung hat er bereits 17 Meter verloren.

In der letzten Augustwoche füllen sich die Schulen wieder mit den Eifrigen, den Lustlosen und all ihren Freunden. Das neue Schuljahr beginnt.

SEP

Eine Milchkuh im Wald, ein seltener Anblick. Heute bleiben die Kühe meist bei ausgewogener Kost im Stall. Keine Ameisen zum Mittagsmenü also. Um 1930 gab es viermal so viele Kühe wie heute.

„DER STOLZE FRÜHLING erwacht; die Schwachen nennen ihn Herbst.“ Der Dichter Erik Axel Karlfeldt (1864-1931) fettete gerade seine Wanderstiefel ein, als er das schrieb. Im Herbst läuft das schwedische Gehirn auf Hochtouren, Ideen werden geboren, Bücher geöffnet, man macht sich ernsthaft ans Heimwerken, die Kurse an den Volkshochschulen, an denen jede Entdeckung möglich ist, beginnen. Die kurze Trauerzeit über den wieder allzu kurzen Sommer endet unvermittelt.

In den Wäldern reifen die Multebeeren, die Blaubeeren und die Preiselbeeren, deren Konfitüre zu vielen Speisen gegessen wird. Besonders gut sind sie mit gebratenen Ostseeheringen.

Preiselbeeren werden mit einem kammartigen Gerät von den Sträuchern abgestreift oder geriffelt. Gewiefte Geschäftsleute fliegen die Pflücker aus Asien ein.

In Preiselbeeren ist natürliche Benzoesäure enthalten, und daher lässt sich diese Sommerbeere problemlos über den Winter konservieren. Die Armut früherer Zeiten führte bei den Schweden hinsichtlich der Konservierung von Lebensmitteln zu besonderem Einfallsreichtum, sei es durch Einlegen, Dörren, Räuchern, Pökeln oder Vergären. Bis heute beliebt ist das Marinieren von rohem Lachs.

Dazu kaufe man ein Lachsfilet und entferne sämtliche eventuell noch vorhandenen Gräten mit einer Pinzette. Dann reibe man das Filet mit Salz und Zucker zu gleichen Teilen sowie mit klein geschnittenem frischem Dill ein. Das Filet wird in einer Plastiktüte zwei bis drei Tage im Kühlschrank verwahrt und gelegentlich gewendet. Vor dem Verzehr kratze man die Marinade ab, schneide das Filet in Streifen und serviere es mit Zitronenschnitzen und frischem Dill.

Der September ist der Monat der Pilze. Sie aufzuspüren und zu pflücken ist eine nationale Leidenschaft. Besonders beliebt sind Morcheln und Pfifferlinge. Hüten Sie sich vor dem Fliegenpilz und dem grünen Knollenblätterpilz!

Pilzexperten bezeichnen ihre Wanderungen durch herbstfeuchte Wälder als Eskapaden in die Natur. Bei Sonnenuntergang kehren sie strahlend heim.

Der Poseidon auf dem Götaplatsen in Göteborg hat permanent nasse Füße. Der Bildhauer Carl Milles schätzte Themen aus der klassischen Mythologie. Seine Werke sind in mehreren schwedischen Städten und im Rockefeller Center in New York zu bewundern.

Die zweitgrößte Stadt Schwedens, Göteborg, wurde 1621 vom König der Reformationszeit Gustav II. Adolf gegründet. Göteborg mit dem größten nordischen Hafen ist Schwedens Tor zum Westen. Dank des Golfstroms genießt Göteborg trotz seiner nördlichen Lage in der Regel einen milden Herbst (nächste Seite).

Stena
KLIPPANS
KAFE

In Kall in der Provinz Jämtland wird das Heu noch wie früher auf Gestellen getrocknet.

Die Apfel- und Birnenernte beginnt. Eine unumstößliche Wahrheit in Schweden lautet, dass schwedische Äpfel besser sind als alle anderen. Probiert man die feinsäuerliche Sorte Transparent Blanche, die knackigen Åkerö und die duftenden Aroma, dann glaubt man das gerne.

Alle vier Jahre im September finden Reichstags-, Kommunal- und Regionalwahlen statt. Für Reichstagsparteien gilt eine Vier-Prozent-Hürde. Gewählt wird gemäß Proporzwahlsystem. Die Parteilinie ist wichtiger als das Profil einzelner Kandidaten. Der Wahlkampf ist kurz. Sein deutlichstes Erkennungsmerkmal sind die leicht zu entfernenden Plakate an den Laternenpfählen. Am Wahltag geben etwa 80 Prozent der Wahlberechtigten ihre Stimmen ab, indem sie auf farbiges Papier gedruckte Listen, die ihnen Wahlfunktionäre oder in der Nähe der Wahllokale auch Freiwillige oder Politpromis in die Hand drücken, in Umschläge stecken. Die Achtung vor den Politikern hat in den letzten Jahren etwas abgenommen, aber bislang haben sich keine extremen Parteien dauerhaft etablieren können.

Im Süden verfärben sich die Laubbäume gelb und rot. Achtzig Prozent der schwedischen Wälder bestehen allerdings aus Nadelhölzern, beispielsweise Fichte. Über die Hälfte des Landes ist von Wald bedeckt. Der höchste Baum ist die Kiefer. Neben dem Eisenerz stellt der Wald den größten Naturschatz Schwedens dar. Die Nadelbäume kamen bereits vor der Eiszeit aus Asien. Die Waldmagnaten, die schon mal auf dem Pferd in den Bankettsaal ritten, gibt es nicht mehr, aber immer noch sind Holz und Papier ein wichtiger Industriezweig. Früher ritzten die Holzfäller die Kiefern ein Jahr vor dem Fällen an. Der Baum produzierte so besonders viel Harz, was das Holz besonders haltbar machte.

Der September kennt mehrere Jahreszeiten, je nachdem, wo man sich in Schweden befindet. In den Küstengebieten und Ebenen Südschwedens herrscht noch Sommer, aber im restlichen Land ist bereits der Herbst angebrochen und im lappländischen Gebirge ist es bereits Winter. Die Temperaturunterschiede können bis zu 40 Grad betragen. In Europa erstreckt sich nur Russland über so viele Breitengrade wie Schweden. Die Vögel ziehen nach Süden. Mindestens neunzig Prozent verlassen das Land. Die arktische Seeschwalbe benötigt drei Monate für ihre Reise in den Süden, kehrt aber immer getreulich zurück.

OKT

Im Oktober können vier Jahreszeiten zusammenfallen, im äußersten Süden ist es sehr mild, während ganz im Norden bereits Schneestürme wüten. An wolkenlosen Tagen ist es überall schön. Melancholische Herbststimmung im Akkafjäll.

Der König der Wälder, der Elch (Alces alces) sollte sich jetzt lieber verstecken. Im Norden beginnt die Elchjagd bereits am ersten September, aber im übrigen Schweden werden die meisten Flinten im Oktober geladen (der Jagdbeginn ist gestaffelt, um den Kälbern das Heranwachsen zu ermöglichen). Das Herbstlaub gewährt den Riesen mit dem Geweih einen gewissen Schutz, den er jeden Tag von einer Stunde vor Sonnenaufgang bis Sonnenuntergang bis Ende Februar auch bitter nötig hat. Die Jäger tragen grellorange Stirnbänder, damit es nicht so leicht zu Jagdunfällen kommt. Der Elch ist ohnehin farbenblind. Ein Zweig im Stirnband signalisiert einen erlegten Elch. Die Jagdzeit fällt mit der Paarungszeit zusammen. Um ansprechend zu riechen, pinkelt der Elchbulle auf Moos und Zweige und wälzt sich dann darin. Dem kann keine Elchkuh widerstehen!

Als Kahlschlag vor zwanzig oder dreißig Jahren in den Wäldern noch die Norm war, gediehen Unkraut und Büsche auf den freien Flächen: Frühstück, Mittag- und Abendessen für eine explosionsartig anwachsende Elchpopulation. Es war kein Problem, in der Dämmerung irgendwo auf einen Elch zu treffen. Durch die Abnahme der Kahlschläge ist auch die Zahl der Elche rückläufig, aber immer noch beißen jedes Jahr etwa 100 000 ins Gras des Waldbodens und werden in würziges Elchgulasch verwandelt.

Im 18. Jahrhundert schuf der Naturforscher Carl von Linné das System zur Klassifizierung von Lebewesen und Pflanzen und taufte den Elche Alces alces. Nordamerika besitzt vier Elch-Arten und Asien zwei.

Ende Oktober sind Schulferien, aber nur im Norden liegt schon genug Schnee für eine Schneeballschlacht. Jetzt haben jedoch die Wintersportarten Saison. Der traditionsreichste Teamsport ist Bandy, lockt jedoch nur ein Zehntel der Zuschauer herbei wie Eishockey. Ein schottisches Spiel namens Shinny war der Vorläufer von Eishockey und Bandy, Letzteres wird mit gebogenen Stöcken und einem kleinen orange Ball, der leider im Fernsehen nur schlecht zu sehen ist, gespielt. Versuchsweise wurden rosa und fluoreszierende Bälle verwendet, aber irgendwie hat sich dann Orange doch als unwiderstehlich erwiesen. Neulinge in Schweden werden überrascht sein, wenn sie bei Temperaturen unter Null einem Spiel beiwohnen und ein Tor geschossen

Der König. Der allein lebende Elchbulle betrachtet sein Reich. Sein neunsprossiges Geweih legt nahe, dass es sich um ein sehr kräftiges Tier handelt. Die Herbstjagd beginnt Mitte September im Norden, im übrigen Land im Oktober.

wird: Der Applaus von behandschuhten Händen ist ein sehr eigenes Geräusch.

Ende Oktober werden die Nobelpreisträger bekannt gegeben. Der Preis, der den meisten Wirbel erzeugt, ist der Friedensnobelpreis. Weil Schweden und Norwegen 1895, als Alfred Nobel sein Testament verfasste, eine Union waren, verfügte er, dass die „Brudernation" Norwegen die Ehre der Preisvergabe haben solle. Schweden blieben die anderen Preise: Medizin, Physik, Chemie und Literatur. Schon Wochen vor der Bekanntgabe des Literaturpreises stellen die Zeitungen Mutmaßungen darüber an, wem wohl diese Ehre zuteil werden könnte. Sobald sich die Schwedische Akademie darauf geeinigt hat, wessen Gesamtwerk den besten Kompromiss zwischen exzellenter Moderne und dem, was Alfred Nobel tatsächlich wollte, ein dem Idealismus verpflichtetes Schreiben nämlich, darstellt, wird eine Pressekonferenz einberufen. Nachdem die Uhr im Saal der Alten Börse in der Stockholmer Altstadt dreizehn Mal geschlagen hat, erscheint der ständige Sekretär der Akademie durch eine Flügeltür und gibt den Empfänger des weltweit angesehensten Literaturpreises bekannt. Die Schwedische Akademie wurde von dem kulturliebenden und im Übrigen recht despotischen Gustav III. (1746-1792) gegründet und widmet sich der Pflege der Sprache und Literatur.

Andere Länder haben Schokoriegel im Überfluss, schwedische Lebensmittelläden weisen Regale um Regale mit grellbunten, billigen Süßigkeiten in allen erdenklichen Formen von Sternen, Bären, Scheiben und Kugeln auf, die nach Gewicht verkauft werden. Dafür hat man weniger für Desserts übrig als in anderen Ländern. Kleine Gebäckstücke im Café (Konditori) sind jedoch etwas, dem kaum jemand widerstehen kann. Der 4. Oktober ist der Tag der Zimtschnecke. Der Zuckerverbrauch ist konstant bis abnehmend. Man sollte jedoch nicht vergessen, dass die Gehirnzellen der Glukoseversorgung aus dem Blut bedürfen.

Der Oktober war in früheren Zeiten der Umzugsmonat. Bis es 1945 abgeschafft wurde, gab es ein sehr rigides Landarbeitersystem für die Ärmsten der Armen. Die Verträge hatten immer einen Laufzeit von einem Jahr, gezahlt wurde überwiegend in Naturalien. Nur im Oktober durften die Arbeiter die Stelle wechseln. Die Fluktuation war rege,

In Schweden wehen hauptsächlich westliche Winde. Diese und der Golfstrom im Nordatlantik garantieren trotz der nördlichen Lage einen milden Winter. Knuthöjdsmossen in Västmanland.

immer in der Hoffnung, auf einen freundlicheren Gutsbesitzer zu treffen. Jetzt sind es überwiegend junge Leute, die umziehen. Nach Erreichen des dreißigsten Lebensjahrs ziehen die Schweden in der Regel nur noch innerhalb des Ortes oder der Region um. Ein Großteil der Bevölkerung lebt inzwischen in Ballungsgebieten in Wohnungen. Die kommunalen Wohnungsbaugesellschaften befinden sich in einem Schrumpfungsprozess, nicht was die Größe der Wohnungen angeht, denn die sind geräumiger als in den meisten anderen europäischen Ländern, sondern in der Anzahl. Seit Jahren versuchen sowohl sozialdemokratische als auch konservative Regierungen, die Abhängigkeit der Bürger vom Staat zu verringern und sie zum Kauf von Eigentumswohnungen anzuregen. Slums sind unbekannt, obwohl es durchaus triste Vorstädte in den Großstadtregionen gibt, die ethnisch unausgewogen und wirtschaftlich benachteiligt sind. Einrichtungen wie der Stockholmer Schönheitsrat haben dafür gesorgt, dass die Stadtzentren weitgehend einheitlich wirken und sich den Besuchern von ihrer schönsten Seite präsentieren.

Es heißt, im Stockholmer Nobelwarenhaus NK (rechts) gebe es so viele Glühbirnen, dass sich die Heizung erübrigt. Falsch. Betritt man NK aber an einem Herbsttag, möchte man jedoch fast daran glauben.

Die täglichen Fischauktionen in Göteborg. Der Fisch ist so frisch und wird in so reichlich zerstoßenes Eis gebettet, dass es kaum nach Fisch riecht.

Schlemmer fühlen sich in der Östermalm Saluhall angesichts des reichhaltigen Angebots an Wild, Fisch und Gemüse sowie etlichen Restaurants sofort zu Hause.

Rapadalen im Sarek Nationalpark bei Mondschein. Nirgendwo in Europa gibt es so eine große Wildnis. Das Tal durchzieht den Nationalpark (nächste Seite).

GANT

NOV

Der grausamste
Monat, jede
Hoffnung auf
Wärme ist
geschwunden, und
der Schnee, der
alles verzaubert, ist
abgesehen von ganz
im Norden noch
nicht gekommen.
Die Wochenenden
verbringt man mit
DVDs und Kakao,
bis man einsieht,
dass man den
herannahenden
Winter nur überlebt,
wenn man sich
ihm stellt und das
Haus verlässt.
Warm anziehen!

Es ist bewölkt. Ein nasser Nebel hüllt Sie ein. Busse sind verdreckt und von Schneekrusten bedeckt. Viele Menschen sind jedoch glücklich, dass der Winter begonnen hat. Jetzt braucht niemand mehr ein schlechtes Gewissen zu haben, wenn er zu Hause bleibt. Man darf sich auf den magischen Schnee freuen, der auf dem Land die Formen abrundet und in der Stadt das Licht der Straßenlaternen reflektiert. Der November ist die Zeit der Sonntagsspaziergänge. Kinder machen die Kunsteisbahnen in den städtischen Parks unsicher. In den Stadtwäldern drängen sich die Leute. Rechtsverkehr auf Fußwegen ist angesagt.

Im Winter ist es auch erlaubt, melancholisch zu werden. Die Kultur bietet Raum für Resignation. Im Frühling schütteln die Menschen die Düsternis wie einen schweren, wollenen Mantel ab und wenden sich wieder der Freude zu.

Allerseelen ist einer der vielen religiösen Feiertage des Landes. Überall auf den Friedhöfen werden Kerzen angezündet. Todesanzeigen in den Zeitungen enthalten oft ein Gedicht und werden häufig von einem kleinen Bild geschmückt, das sich auf eines der Hobbys des Verstorbenen bezieht: eine Katze, eine Angel, ein Oldtimer etc. Die Schweden sind ein sachliches Volk, das sich für die exakten Wissenschaften interessiert und für gewöhnlich kaum um das Jenseits kümmert. Siebzig Prozent lassen sich nach ihrem Tod einäschern.

Der Winteranfang ist auch die Zeit der Einladungen. Hier sind die Regeln: Seien Sie sehr pünktlich. Bringen Sie Blumen oder eine Flasche Wein mit. Ziehen Sie die Schuhe aus, wenn es regnerisch und matschig ist. (Haben Sie Ihre Hausschuhe vergessen? Oje, oje!) Trinken Sie nicht mehr als Ihre Gastgeber. Verabschieden Sie sich vor Mitternacht, nehmen Sie ein Taxi oder legen Sie vorher fest, wer fahren soll. Alkohol am Steuer ist ein Tabu. Bereits nach einem Glas Wein ist man über der Grenze.

Bei Einladungen sind die Schweden sehr förmlich, am Arbeitsplatz können sie sehr relaxt und innovativ sein. Sie arbeiten gerne in Gruppen. Beim Teamwork arbeiten Leute mit gemeinsamen Interessen zusammen. In anderen Ländern, beispielsweise den USA, einigt man sich vorher über das Ziel und arbeitet dann darauf hin; auftretende

Das schwindende Tageslicht verzaubert die Städte immer mehr. Die Hochhäuser am Hötorget in Stockholm erinnern an den Optimismus der 1960er-Jahre. Einstmals als hässlich gescholten, bestechen sie heute durch ihre klassischen Formen.

SVANSTRÖMS
SVANSTRÖMS

Der Elch in den Wäldern Värmlands (links) wird etwa zwanzig Jahre alt. Am Ende seines Lebens ist sein Zahnschmelz so abgenutzt, dass er nicht mehr kauen kann, und er verhungert. Alle Versuche, den Elch als Arbeitstier zu domestizieren, sind gescheitert.

Das Naturschutzgebiet Storängsudde auf der Insel Värmdö in der Nähe von Stockholm.

An Allerheiligen brennen überall im Land Kerzen auf den Friedhöfen wie hier auf dem Norra Begravningsplats mit über 100 000 Bestatteten in Stockholm (nächste Seite).

Konflikte werden ausgetragen. Die Schweden versuchen wie die Japaner erst einmal durch Eintracht so weit wie möglich zu kommen.

Die Schweden sehen sich gerne als ein mitfühlendes Volk, das an den Geschicken der Welt Anteil nimmt und Einwanderern gegenüber tolerant ist. Es stimmt zwar, dass der Bau von Moscheen sabotiert worden ist, und es ist richtig, dass Leute mit ausländisch klingenden Namen Mühe haben, ihren Qualifikationen gemäße Jobs zu finden. Schweden setzt sich jedoch sehr in der Entwicklungshilfe ein und gehört neben den Niederlanden und Norwegen zu den größten Geberländern. Keine ausländerfeindliche Partei ist im Reichstag vertreten, obwohl viele Leute den Zuzug von Flüchtlingen mit Missfallen betrachten. Andere erfüllt es jedoch mit Stolz, dass Schweden mehr Asylanträge von Flüchtlingen aus dem Irak erhält als jedes andere Land. Die Kleinstadt Södertälje südlich von Stockholm hat mehr Flüchtlinge aus dem Irak aufgenommen als die USA und Kanada zusammen. In Södertälje lebt auch die größte Gruppe Assyrer in Europa.

Geschützt von Bergen und Meeren war Schweden bis ins 20. Jahrhundert ein sehr homogenes Land. Das 21. Jahrhundert wird viele Veränderungen mit sich bringen.

STEGERYD
TOMMY
Irene Sundström

TÄNGEVALL
MARIA PAULINI
*23.4.1967 †22.6.1993
BERNT KARLSSON
*1930 †1993
Gunnar Zander
Ritva
Lindberg

DEZ

Die Dampfschiffe, die den größten Teil des Jahres in den Stockholmer Schären unterwegs sind, in der Winterverwahrung, dahinter der Dreimaster Af Chapman, heute eine Jugendherberge, an seinem permanenten Liegeplatz. In den warmen Kojen ist Seekrankheit ausgeschlossen.

Jetzt wird es in den Bussen ganz schön eng, die unförmigen Daunenjacken, die alle der Kälte wegen tragen, beanspruchen ziemlich viel Platz. In den Kindertagesstätten stapeln sich die Winteroveralls in der Diele, und Kleinkinder an- und auszuziehen nimmt Stunden in Anspruch. Seit zwei Wochen stehen Weihnachtsbäume auf den großen Plätzen der Städte.

Am 10. Dezember findet die Nobelpreisverleihung in Stockholm statt. Der König überreicht im Konserthuset die Preise, anschließend findet im prächtigen Stadshuset ein Galabankett statt. Bei der Live-Übertragung werden sowohl die Abendkleider der Damen als auch die wissenschaftlichen Errungenschaften der Preisträger kommentiert. Alfred Nobel hätte dieser Abend sicher gefallen. Er genoss das illustre Leben in Paris und San Remo und die Gesellschaft schöner Frauen. Da er ausgesprochen schüchtern war, benötigte er ein Gesprächsthema. Der Weltfrieden hatte es ihm angetan. San Remo an der italienischen Riviera, wo Nobel die letzten Jahre seines Lebens verbrachte und am 10. Dezember 1896 starb, schickt jedes Jahr zu den Feierlichkeiten Unmengen von Blumen.

Der Dezember ist die Zeit für Partys, meist wird Glühwein oder Glögg getrunken. Dazu isst man Pfefferkuchen. Glögg wird aus Rotwein, Hochprozentigem und Gewürzen zubereitet und mit Rosinen und Mandeln aus kleinen Gläsern oder Tassen getrunken. Gering in der Quantität, aber umso geschmacksintensiver. Glitzerkram ist freiwillig, aber ein Gastgeber mit Ambitionen muss Tannenzweige vor der Haus- oder Wohnungstüre auslegen.

Der Dezember ist der Monat der Weihnachtsbeleuchtung und der Kerzen. Selbst in Bürofenstern stehen elektrische Weihnachtskerzen. In Wohnzimmerfenstern hängen vorzugsweise große leuchtende Papiersterne. Wo private Weihnachtsfeiern stattfinden, stehen Partyfackeln vor der Tür. Gegen die Dunkelheit versuchen manche mit Lichttherapie anzukämpfen. Eines der ersten Worte, das schwedische Kinder lernen, ist lampa (Lampe).

Der Luciatag am 13. Dezember ist an die Stelle des heidnischen Sonnenwendfestes getreten, an dem angeblich die Stalltiere sprechen konnten und der Winter zur Hälfte überstanden war. Die heilige Lucia

Das Lucia-Fest, ursprünglich zu Ehren einer sizilianischen Heiligen gefeiert, erinnert mehr an die alten Ritualen zur Wintersonnenwende. Früher glaubte man, dass die Tiere des Bauernhofs an diesem Tag sprechen konnten. Heute hört man eher die Stimmen von Kinderchören.

Gekrönte Häupter und andere Würdenträger lauschen andächtig den Tischreden beim Bankett nach der Nobelpreisverleihung an führende Wissenschaftler und einen herausragenden Schriftsteller. Das Galadiner findet im Blauen Saal des Stadshuset statt, der jedoch nicht blau ist, da es sich der Architekt anders überlegte (nächste Seite).

Winterliche Morgendämmerung in Tarfala, einem der bekanntesten Hochtäler Lapplands. Unter dem Gletscher sind die dunklen Umrisse der Berghütten zu sehen, die noch monatelang auf die Sommergäste warten müssen.

soll in Sizilien gelebt haben. Es heißt, ein Heiliger habe Lucias kranke Mutter vor dem Tod bewahrt. Daraufhin habe Lucia ihre Heiratspläne aufgegeben und ihre Mitgift den Armen geschenkt. Ihr Verlobter zerrte sie vor Gericht, und sie wurde zu einem Leben im Bordell verurteilt, aber selbst tausend Männern mithilfe von Ochsen gelang es nicht, sie über dessen Schwelle zu zerren. Heutezutage treten am Tag der heiligen Lucia engelsgleiche Mädchen in weißen Gewändern auf, aber es gibt auch eine Rolle für Staffan, den schelmischen Stallburschen. Die weiß gewandeten Kinder tragen im gedämpften Schein ihrer flackernden Kerzen ihre Lieder vor. Die Sitte stammt aus den schwedischen Kolonien in Amerika, wobei die Lucia ursprünglich eine Krone brennender Kerzen trug, was aber in einer Menge aufgeregter Kinder ein beträchtliches Risiko darstellen würde.

Die Wintersonnenwende ist am 21. Dezember. Das Land atmet auf. Endlich lässt sich das Licht am Ende des Tunnels erahnen! Stockholmer Büropendler verpassen den Sonnenaufgang um etwa 8.30 Uhr und ganz sicherlich den Sonnenuntergang um 14.45 Uhr. Verglichen mit den Menschen, die oberhalb des Polarkreises leben, haben sie jedoch immer noch das große Los gezogen. In Kiruna beispielsweise ist es Mitte des Winters drei Wochen lang stockdunkel. Schweden gehört zum Westwindgürtel, Südwest- und Westwinde herrschen vor. Die eisigen Winter der russischen Steppen bekommt man nur selten zu spüren.

Weihnachten und die meisten wichtigen anderen Feiertage werden am Vorabend gefeiert. Am ersten Weihnachtstag relaxen alle, mit Ausnahme derjenigen, die das Smörgåsbord zubereiten. Auf dem Büfett stehen einfache Gerichte – es handelt sich um eine bodenständige Schlemmerei. Dazu gehören gekochter Schinken, eingelegter Hering, Kalbssülze, gekochter Stockfisch, Rote-Bete-Salat mit Hering sowie – ganz wichtig – Fleischbällchen. Alles wird mit klarem Schnaps und süßem Weihnachtsbier oder einer süßen Weihnachtslimonade hinuntergespült. Als Dessert gibt es Reisbrei. Puh!

Läuft das Badewasser auf der nördlichen Halbkugel gegen den Uhrzeigersinn und auf der südlichen im Uhrzeigersinn ab? Sicher ist, dass die Rentiere, die im Dezember zusammengetrieben werden, gegen den Uhrzeigersinn im Kreis laufen. Rentiere sind die einzige Spezies, bei der sowohl Männchen als auch Weibchen ein Geweih tragen (hier können Sie sich jetzt einen passenden Scherz über die Gleichberechtigung in Schweden einfallen lassen).

Eine Viertelstunde vor Mitternacht rezitiert der Schauspieler, der gerade die größte Gunst des Publikums genießt, im Freilichtmuseum Skansen in Stockholm ein stimmungsvolles Tennyson-Gedicht, im Hintergrund wird ein Feuerwerk abgebrannt, und das Ganze wird vom Fernsehen übertragen. „Läutet Glocken, wild zum Himmel empor, zu den jagenden Wolken, dem eisigen Licht. Das Jahr stirbt, noch ehe der Tag anbricht. Lasst es sterben, und läutet, ihr Glocken, im Chor!“ Und eingeläutet werden auch wieder die längeren Tage.

Um diese Jahreszeit pflegte es auf Bullerö (links) in den Stockholmer Schären recht unwirtlich zu sein, aber an Weihnachten wurde gefeiert, die besten Speisen, die man im Sommer getrocknet oder gepökelt hatte, wurden gegessen.

Weihnachten in Stockholm, die Altstadt im Vordergrund, das Grand Hôtel weiter hinten. Vom Kai vor dem Hotel aus verkehren die Schiffe in die Schären.

Das Stockholmer Stadtviertel Södermalm, früher ein Arbeiterviertel, heute jung und schick (nächste Seite).

SVENSKA HANDELSBANKEN
KAK

Schweden in Zahlen

Fläche: 450 000 qkm, das drittgrößte Land in Westeuropa
Wälder: 53 %
Berge: 11 %
Landwirtschaftlich genutzte Fläche: 8 %
Seen und Flüsse: 9 %
Ausdehnung in Nord-Süd-Richtung: 1574 km
Ausdehnung in Ost-West-Richtung: 499 km
Hauptstadt: Stockholm
Bevölkerung: 9,3 Millionen Einwohner
Sprachen: Schwedisch, anerkannte Minderheitensprachen: Samisch, Finnisch, Meänkieli (Tornedalen-Finnisch), Jiddisch und Romani
Regierungsform: Konstitutionelle Monarchie, parlamentarische Demokratie
Parlament: Der Riksdag (Reichstag) mit 329 Mitgliedern, Einkammersystem
Religion: Schweden ist ein sehr säkularisiertes Land. Die Mehrheit ist evangelisch-lutheranisch
Lebenserwartung: Männer 79 Jahre, Frauen 83 Jahre

Wie alle Schweden erhellen die Stockholmer den Winter. Gerne machen sie es sich bei Kerzenschein gemütlich und erfreuen die Passanten mit leuchtenden Weihnachtssternen in den Fenstern. Keine Gelegenheit für ein Feuerwerk wird ausgelassen.

Durchschnittstemperaturen

	Januar	Juli
Malmö	-0.2°C	+16.8°C
Stockholm	-2.8°C	+17.2°C
Kiruna	-16.0°C	+12.8°C

Daylight

	1. Januar	1. Juli
Malmö	7 Stunden	17 Stunden
Stockholm	6 Stunden	18 Stunden
Kiruna	0 Stunden	24 Stunden

Geografie

Schweden mit nur neun Millionen Einwohnern ist eine kleine Nation, kleiner als Belgien und mit nur halb so vielen Menschen wie die Niederlande. Was die Fläche angeht, ist Schweden jedoch ein großes Land, das drittgrößte in Westeuropa. Schweden ist fast so groß wie Spanien und Frankreich und größer als Kalifornien. Würde man Schweden wie einen Uhrzeiger um 180 Grad um seine Südspitze drehen, dann würde die Nordspitze auf demselben Breitengrad wie Neapel in Süditalien landen. Die schwedische Küstenlinie ist 2700 Kilometer lang, eine Strecke, die der von Montreal nach Miami an der Ostküste Nordamerikas entspricht. Die riesige Fläche und die geringe Einwohnerzahl führen dazu, dass Schweden nur dünn besiedelt ist. Fast 90 Prozent der Bevölkerung leben in der südlichen Hälfte des Landes.

Natur

Durch die große Nord-Süd-Ausdehnung des Landes ergeben sich dramatische Unterschiede. Hoch im Norden liegt die lappländische Moorlandschaft mit ihren kahlen Bergen und eisblauen Gletschern. Der größte Teil von Nord- und Mittelschweden ist mit Nadelwäldern bedeckt, dazwischen liegen Tausende Seen und reißende Flüsse, die von den Bergen im Westen in die Ostsee fließen. An der langen Küste liegen etliche einzigartige Schärenlandschaften, die aus Tausenden von Inseln und Felsen unterschiedlicher Größe bestehen, die meisten sind unbewohnt. Ganz im Süden liegt die Provinz Skåne (Schonen) mit den besten Ackerböden in Schweden. Hier gibt es Wiesen, Laubwälder und Hügelland.

Klima

Schwedens nördliche Lage führt zu einem kalten Klima, das jedoch durch den warmen Golfstrom im Nordatlantik abgeschwächt wird. Der Golfstrom ermöglicht es überhaupt erst, dass Menschen in Schweden leben können. Auf ähnlichen Breitengraden in Kanada, Alaska und Sibirien ist das Land unfruchtbar und unbewohnt. Die Wechsel der Jahreszeiten sind dramatisch: Auf einen warmen, hellen und schönen Sommer folgt ein Herbst mit buntem Laub. Auf einen langen, dunklen Winter folgt ein heller, erfrischender, leuchtender Frühling. Es ist die Veränderung des Lichts, die so charakteristisch für Schweden ist und eine Erscheinung wie die Mitternachtssonne erst möglich macht: Im Sommer scheint die Sonne im Norden des Landes rund um die Uhr. Das Gegenstück dazu ist die Polarnacht im Winter, die nur von einigen Stunden Dämmerung unterbrochen wird und von dem berühmten Nordlicht, das in den Wintermonaten über den arktischen Himmel geistert.

Bevölkerung

In den vergangenen fünfzig Jahren hat sich die Zusammensetzung der Bevölkerung Schwedens durch die Einwanderung Hunderttausender von Menschen aus allen Teilen der Welt dramatisch gewandelt. Ein großer Prozentsatz der Einwohner sind ausländischer Abstammung. Die größten Gruppen der Immigranten kommen aus den anderen nordischen Ländern, aus dem ehemaligen Jugoslawien, aus dem Irak, aus dem Iran und aus Afrika. Viele dieser Einwanderer kamen in den letzten zwanzig Jahren als Flüchtlinge nach Schweden. Diese Einwanderungswelle hat zu deutlichen Veränderungen in relativ kurzer Zeit geführt. Sie hat Schweden in ein multikulturelles, internationales Land verwandelt. Vor noch hundert Jahren war Schweden ein Land, in dem hauptsächlich arme Bauern lebten, und ein Land von Auswanderern. Vom 19. Jahrhundert bis 1930 wanderten ganze 1,5 Millionen Schweden, ein Viertel der Gesamtbevölkerung, aus, die meisten nach Nordamerika.

Geschichte

Die ältere schwedische Geschichte ist gewaltsam und dramatisch und erfüllt von Kriegen und Eroberungen. Sie beginnt mit den Raubzügen der Wikinger im 11. Jahrhundert und setzt sich mit den endlosen Feldzügen der Kriegerkönige Gustav II. Adolf und Karl XII. fort. Im 17. Jahrhundert war Schweden eine militärische Großmacht und umfasste große Teile der Ostseeländer. Im 18. Jahrhundert war das Land durch alle Kriege allerdings so verarmt, dass der Frieden die einzige Rettung darstellte. Seit 1814 hat Schweden keine Kriege mehr geführt, was für die Entwicklung und den Wohlstand des Landes von größter Bedeutung war. Schweden war eines der wenigen europäischen Länder, die nicht in die beiden Weltkriege des 20. Jahrhunderts verwickelt waren. In den Nachkriegsjahren hat sich Schweden durch seine Bemühungen um den Weltfrieden einen Namen gemacht.

Entwicklung

Noch Ende des 19. Jahrhunderts war Schweden eines der ärmsten Länder Europas. Die rekordverdächtige wirtschaftliche Entwicklung begann mit dem Bau der Eisenbahn, die Wälder, Eisenerzvorkommen und Wasserkraft in Nordschweden erschloss. In nur fünfzig Jahren schwang sich Schweden zu einem der reichsten Länder der Erde auf. Die meisten größeren Exportunternehmen wurden in dieser Zeit gegründet, viele verdankten ihre Existenz genialen Erfindungen, beispielsweise der des Kugellagers, der Milchzentrifuge, des automatischen Leuchtturms, des Dynamits, der Schiffsschraube, der Dampfturbine und des Kühlschranks, um nur einige wenige zu nennen. Auch in neuerer Zeit wurde in Schweden wichtige Erfindungen gemacht wie der Herzschrittmacher, die AXE-Telefonzentrale, die Computermaus, das GPS für die Navigation und Bluetooth für mobiles Internet.

Handel

Die wichtigsten Industriezweige Schwedens, die Stahl- und Papierindustrie, machen ein Fünftel des schwedischen Außenhandels aus. Bei 60 Prozent der Exporte handelt es sich um Erzeugnisse der Maschinenbau-, chemischen und Telekomindustrie. Die schwedische Wirtschaft investiert große Summen in die Forschung und technologische Entwicklung. IT, Biotechnologie und Umwelttechnik werden häufig als die für die Zukunft wichtigsten Wirtschaftszweige Schwedens genannt. Aber auch die sogenannten „Kreativindustrien" wie Design, Mode und Musik werden in Zukunft immer wichtiger werden. Schweden hat für seine geringe Einwohnerzahl eine erstaunlich große Zahl an multinationalen Firmen und Marken wie Volvo, AstraZeneca, ABB, IKEA, Ericsson, Electrolux, H & M, Saab und Absolut Vodka, um nur einige zu nennen, hervorgebracht.

Nobel

Der schwedische Industrielle und Erfinder des Dynamits, Alfred Nobel, stiftete Ende des 19. Jahrhunderts den Nobelpreis, der recht bald zu einer der weltweit wichtigsten Auszeichnungen wurde. Die Nobelpreise in Literatur, Medizin, Physik und Chemie (seit 1968 existiert auch ein von der schwedischen Staatsbank, Riksbanken, gestifteter Preis „für Ökonomische Wissenschaften in Erinnerung an Alfred Nobel") werden jedes Jahr am 10. Dezember vom schwedischen König überreicht. Der fünfte Nobelpreis, der Friedensnobelpreis, wird am selben Tag in der norwegischen Hauptstadt Oslo verliehen. Nobel zweifelte die pazifistische Gesinnung seiner Landsleute an, da im Gespräch war, Norwegen notfalls mit Waffengewalt daran zu hindern, die Union mit Schweden (bis 1905) zu verlassen.

Gesellschaft

Der Wohlstand, den der wirtschaftliche Aufschwung im 20. Jahrhundert mit sich brachte, wurde in einer in der westlichen Welt einzigartigen Weise unter der Bevölkerung verteilt. Hohe Steuern finanzierten zahlreiche öffentliche Dienste wie Gesundheitswesen, Kinderbetreuung, Schulen, Altenheime und anderes sowie soziale Sicherheit. Das Grundprinzip war und ist, dass jeder Bürger ungeachtet seiner Herkunft und seines Einkommens in jeder Lebensphase abgesichert ist. Die schwedische Wohlfahrtspolitik fußt auf freier Marktwirtschaft mit gewissen Umverteilungsprinzipien. Diese Politik wurde zeitweilig auch als „dritter Weg" bezeichnet und hat anderen Ländern, jedenfalls partiell, als Vorbild gedient.

Gleichberechtigung

Obwohl Schweden noch weit von der Gleichberechtigung aller entfernt ist, so hat doch die Überzeugung vom gleichen Wert und den gleichen Rechten aller die Entwicklung des modernen schwedischen Wohlfahrtsstaates bestimmt. Im internationalen Vergleich ist Schweden sehr weit, was die Bemühungen angeht, die Rechte früher benachteiligter Gruppen wie Frauen und Kinder zu garantieren. Schwedische Gesetze und Sitten verbieten Diskriminierung aufgrund von Geschlecht, ethnischer Zugehörigkeit, körperlicher oder geistiger Behinderung, sexuellen Neigungen sowie politischer und religiöser Überzeugung.

Regierungsform

Das allgemeine Wahlrecht für Männer und Frauen wurde in Schweden 1919 eingeführt. Schweden besitzt ein Einkammerparlament, den Riksdagen, mit 349 Abgeordneten aus dem ganzen Land. Das schwedische Parlament ist im weltweiten Vergleich hinsichtlich der Geschlechterverteilung eines der ausgeglichensten. Während der letzten drei Legislaturperioden war die Hälfte aller Abgeordneten Frauen. Im Reichstag sind im Augenblick sieben Parteien vertreten, die zwei Blöcke bilden: die Allianz (Moderate Partei, Liberale Partei, Zentrumspartei und Christdemokraten) auf der einen und Sozialdemokraten, Linke und Grüne auf der anderen Seite. Bei der Wahl im Jahre 2006 mit einer Wahlbeteiligung von 82 Prozent errang die konservative Allianz die Mehrheit. Der Ministerpräsident des Landes ist Fredrik Reinfeldt von den Moderaterna, der der Vier-Parteien-Regierung vorsteht. Die wichtigste Partei im 20. Jahrhundert war die Sozialdemokratische Partei, die seit etwa 1920 mit nur kurzen Unterbrechungen in Schweden das Sagen hatte. Als Schweden 1995 Mitglied der EU wurde, fand ein einschneidender innen- und außenpolitischer Kurswechsel statt. Im Jahr 2003 entschieden sich die Schweden gegen den Euro.

Bildung

In Schweden sind neun Jahre Schule Pflicht. Die Erstklässler sind sieben Jahre alt. Fast alle Schüler besuchen anschließend die dreijährige Sekundarstufe und können zwischen etwa 20 verschiedenen Zweigen („Programmen") wählen. Etwa ein Viertel der Mittelschulabsolventen besuchen eine Universität oder Fachhochschule. Auch diese Ausbildungen werden weitgehend vom Staat finanziert. Die meisten Studenten studieren mit einem staatlichen Studiendarlehen. Schweden gehört zu den Ländern, die einen großen Teil des Bruttoinlandsprodukts in Bildung investieren, was in der postindustriellen Welt überaus klug ist. Das schwedische Bildungssystem wird immer internationaler, da die EU das Studium im Ausland erleichtert. Schwedische Bildungseinrichtungen ziehen immer mehr Studenten und Wissenschaftler aus aller Welt an.

Monarchie

Schweden ist eine konstitutionelle Monarchie, der König ist das Staatsoberhaupt, jedoch ohne politische Macht. Seine Aufgabe ist die Repräsentation. Der augenblickliche schwedische Herrscher, Carl XVI. Gustaf, regiert seit 1973. Seine Frau, Königin Silvia, wurde in Deutschland geboren, ist aber in Brasilien aufgewachsen. Ihr Vater war Deutscher, die Mutter Brasilianerin. Als Erste in der Thronfolge steht Kronprinzessin Victoria (geboren 1977), das älteste der drei Kinder der königlichen Familie und die große Schwester von Prinz Carl Philip und Prinzessin Madeleine.

Religion

Schweden sagte sich im 16. Jahrhundert von der katholischen Kirche los und ist seither ein dezidiert lutheranisches Land. In neuerer Zeit ist der Einfluss der Religion rückläufig. Schweden ist eines der säkularisiertesten Länder der Welt, obwohl etwa 80 Prozent der Bevölkerung immer noch der ehemaligen Staatskirche, der Svenska Kyrka, angehören. Für die meisten Schweden erfüllt die Kirche eine überwiegend zeremonielle Funktion bei Taufen, Konfirmationen, Hochzeiten und Beerdigungen. Durch die beträchtliche Einwanderung nach Schweden ist das Land auch in religiöser Hinsicht multikulturell geworden. Nach dem Christentum ist der Islam inzwischen die zweitgrößte Religion in Schweden.

Kultur

Schweden hat Kulturinteressierten sehr viel zu bieten, ganz gleichgültig, ob sie sich für Literatur, Architektur, Tanz, Mode, Design oder andere Kreativbereiche begeistern. Die schwedische Kulturpolitik hat weiten Kreisen der Bevölkerung Kultur nahegebracht. Museen, Bibliotheken, Theater, Kinos und andere kulturelle Einrichtungen sind im ganzen Land zahlreich vorhanden. Viele der weltbekannten kulturellen Einrichtungen haben in Stockholm ihren Sitz, beispielsweise die Königliche Oper, das Königliche Dramatische Theater, das Nationalmuseum und das Moderna Museet. Im letzten Jahrzehnt ist es zu einer ausgeprägten Internationalisierung der schwedischen Kultur gekommen, insbesondere der Massenkultur. Schwedische Bands, Schauspieler und Modemacher schaffen sich auch international einen Namen.

Musik, Design, Mode und Lifestyle

Insbesondere im letzten Jahrzehnt hatte Schweden erstaunliche Zuwachsraten auf einem Gebiet zu verzeichnen, das sich mit Populärkultur umschreiben lässt, also Popmusik, Design, Mode, Architektur, Gastronomie, Medien, Werbung etc. Auch internationale Aufmerksamkeit blieb nicht aus. Diese Industrien, die in Schweden auch gerne als kreative Industrien bezeichnet werden, gehören zu den wichtigsten zukunftsorientierten Wirtschaftszweigen Schwedens. Insbesondere die schwedische Hauptstadt Stockholm hat in der internationalen Presse Beachtung gefunden als Topadresse für urbanes Leben, Mode und Trends, gleichrangig Weltstädten wie London, Paris, Mailand und New York.

Küche

Viele der Spezialitäten wie Gravlax (marinierter Lachs) und Sill (eingelegter Hering) lassen sich in die Geschmacksrichtungen süß, essigsauer und salzig einteilen. Diese typischen Geschmacksrichtungen sind auch bei den Delikatessen zu finden, die die Wälder, Seen, Flüsse und Meere bereithalten, beim Wild, den Beeren, Pilzen und Meeresfrüchten. In den letzten Jahrzehnten hat die schwedische Küche Einflüsse aus aller Welt aufgenommen. Schwedische Köche haben durch ihre Kreativität weltweiten Ruhm erlangt und etliche große internationale Wettbewerbe gewonnen. Es gibt viele gute Restaurants und zwar nicht nur in den großen Städten, sondern auch auf dem Land. Gourmets können hier die schwedische Küche in moderner und innovativer Form kennenlernen.

Sport

Jeder zweite Schwede zwischen 7 und 70 gehört irgendeinem Sportverein an, und überall im Lande kann man in jedem Alter die unterschiedlichsten Sportarten treiben. Die wichtigsten Sportarten sind Fußball und Eishockey. Bei Mädchen sind Reiten und Gymnastik sehr beliebt. Die Tatsache, dass viele Sportarten Massensportarten sind, erklärt, warum

Schweden eine im Verhältnis zur Bevölkerung überproportional große Zahl an Spitzensportlern hervorgebracht hat. Die beiden berühmtesten Sportler neuerer Zeit sind der Tennisspieler Björn Borg und der Abfahrtsläufer Ingemar Stenmark.

Städte

Die drei größten Städte Schwedens sind Stockholm, Göteborg und Malmö. Die Hauptstadt Stockholm hat, umliegende Gemeinden eingerechnet, etwa zwei Millionen Einwohner und gilt als eine der schönsten Hauptstädte der Welt. Sie liegt auf dreizehn Inseln an der Mündung des Mälaren in die Ostsee. Göteborg an der Westküste ist eine bedeutende Industrie- und Hafenstadt. Hier haben einige der größten schwedischen Firmen ihren Sitz, u.a. Volvo und SKF. Malmö in der südlichsten schwedischen Provinz liegt, seit die Stadt durch die imposante Öresund-Brücke mit der dänischen Hauptstadt Kopenhagen verbunden ist, in einer dynamischen Wachstumsregion.

Der Text des Kapitels „Schweden in Zahlen“ wurde erstmals vom Svenska Institutet (SI) auf www.sweden.se, der offiziellen Homepage Schwedens veröffentlicht.

Bildquellen

Umschlagvorderseite:
Hans Strand/Briljans

Umschlagrückseite:
Jeppe Wikström

Lars Bygdemark 6, 44, 50,
52–53,
76, 78–79, 92–93

Göran Ekström 33, 105

Jonas Forsberg/
Naturfotograferna 16–17

Eddie Granlund/Naturbild 112

Claes Grundsten 20–21, 36,
46–47, 82, 88–89, 117, 126

Tore Hagman 12, 23, 24, 28, 32,
49, 68, 70–71, 94, 97, 98–99, 100,
108a, 110–111

Malcolm Hanes 56–57

Sven Halling/Naturbild 15,
84–85

Ben Nilsson/
Big Ben Productions 25

Torbjörn Lilja/
Naturfotograferna 26–27

Ulf Palm/Scanpix 34–35

Magnus Rietz/Johnér 59,
74–75

Anders Ryman 54

Håkan Sandbring/Sydpol 73, 87

Jan Schützer/
Naturfotograferna 116

Hans Strand 39, 40, 63, 64–65,
66–67, 102, 107, 130–131

Erik G Svensson 108b, 109

Roger Turesson 124–125

Jeppe Wikström 4, 8–9, 11,
18, 31, 41, 42–43, 60–61, 62, 77,
80–81, 90, 91, 115, 118–119, 120,
123, 128, 129, 132